El buen samaritano

Contado por Heather Amery

Diseño: Maria Wheatley
Ilustraciones: Norman Young

Asesora lingüística: Betty Root
Directora de la colección: Jenny Tyler
Traducción: M. Dolores Ramis
Redacción en español: Noemí Rey

Éste es Jesús.

Le preguntaron, "Dios nos dice que tenemos que ser buenos con los demás, pero ¿con quiénes?" Jesús contó una historia.

Había un hombre que era judío.

Vivía en Jerusalén. Un día empezó un largo viaje a Jericó.
Tenía que ir andando todo el camino.

Iba solo.

Sabía que era peligroso ir solo. Los viajeros casi siempre iban compañados por miedo a los ladrones.

De repente vio unos ladrones.

Corrieron hacia él, gritando y con palos en las manos.
El hombre se asustó y trató de escapar.

Los ladrones alcanzaron al hombre.

Lo golpearon con los palos. Lo tiraron y le dieron patadas
mientras estaba en el suelo.

Le robaron todo.

Los ladrones le quitaron casi toda la ropa. Le robaron
el dinero y la bolsa. Después se escaparon.

El hombre estaba malherido.

Se quedó sangrando en medio del camino. Tenía tantas heridas que no podía levantarse ni pedir ayuda.

Un sacerdote pasó por allí.

Vio al hombre herido, pero no paró. Arreó a su burro
y se alejó rápidamente por el camino.

Después pasó otro hombre.

Trabajaba en el templo de Jerusalén. Vio al hombre pero no paró. Siguió rápidamente su camino.

Después pasó un tercer hombre.

Era un samaritano. Aunque los samaritanos y los judíos se odiaban, este hombre sí paró.

El samaritano se bajó de su burro.

Puso aceite en las heridas del hombre para aliviarlas y después les puso vino para curarlas. Luego se las vendó.

Ayudó al hombre a ponerse de pie.

El samaritano subió al hombre a su burro. Después siguieron por el camino hasta la ciudad de Jericó.

Pararon en una posada.

El samaritano acostó al hombre para que descansara.
Lo arropó y le trajo la cena.

El samaritano se fue a la mañana siguiente.

Pagó al posadero y le dijo "Cuida a este hombre. Pagaré todos los gastos cuando vuelva por aquí".

"¿Qué hombre fue bueno?" preguntó Jesús.

"El samaritano", le contestaron. "Sí", dijo Jesús, "Debemos ser buenos con quienes necesiten nuestra ayuda".